二人の自分

―心の動きをみつめて―

イシドロ・リバス著

女子パウロ会

もくじ

はじめに 7
I 欠点との闘い 9
1 二人の自分 11
2 ただいま戦争中 14
3 あなたの敵はだれか 16
II 霊に生かされた自分 19
1 聖書の教え 20
2 人間らしさを超えて 26
III 霊動識別の重要さ 29
1 私以上に私を知っておられる神 31
2 神のことばを聴く人に 32
3 自由にこたえる 34

4 だれにも相談できない時に 35
5 創造的な未来に向かって 36
6 聖書的な生き方 37

Ⅳ 霊の動きをみきわめるために 41
1 野球の試合のたとえ 44
2 一つの原則 46

Ⅴ なぐさめの状態とすさみの状態 51
1 なぐさめの状態とは 52
2 すさみの状態とは 57
3 対人関係からみる
なぐさめの状態とすさみの状態 58
4 常に神の声が聞こえるように 60
5 すさみに陥る三つの理由 62

6　糾明の重大さ　68
7　なぐさめとすさみの中で　72
(1)　すさみの時には　72
(2)　なぐさめの時には　79
8　悪霊の動きをみつける三つのコツ　82
(1)　恐れてはいけない！　82
(2)　弱点、欠点につけこまれるな！　86
(3)　悪霊は秘密主義を勧める！　89
Ⅵ　霊動識別における指導者　91
心の動きに気づくために　95
霊動識別の規則（聖イグナチオの『霊操』から）　106
おわりに　116

装丁・ペーパークラフト　●鎌田　恵務

はじめに

　ときどき、キリスト教はひじょうに倫理的なもの、論理的なもののようにみられ、かたくるしく思われる。私が日本にきた当時、哲学的なことを話したら、みなから、かたいな、理論的だとたびたびいわれた。そして、日本人とつきあっていくうちに、多くの人が何か理論的、哲学的に考えるより、気持ちとか、その時の状況によって一つの判断をしているのを知り、驚いた。

　このようなことを考えあわせてみた時、霊動識別は、たぶん、西洋的なキリスト教と、東洋的な日本人の感受性の橋わたしになるかもしれないと思った。なぜなら、霊動識別は、自分の行動を倫理的、道徳的な基準によって判断するのでなく、自分の気持ちを通して、自分の感情を通して、自分の生き方をさぐっていく一つのすばらしい方法だからである。十六世紀の古典的、スコラ的な教育を受けた聖イグナチオ・ロヨラが、これほど日本的な方法を使って話しているのはたいへんおもしろいことである。

霊動識別は神秘的体験をした司祭、修道者だけのものではない。私は日本にきて、修道者として生き、この識別をしていくうちに、学生、若い人、また神を信じない青年のうちにも、やはりいろいろな心の動きがあって、その動きを通してほんとうの自分をみつけていくことができるということに気づいた。

私は霊動識別のおかげで、今日の人間になれた。毎日の厳しい現実と闘いながら生活している人びとのために、ほんとうの自分になれる道があることを知っていただきたいと願っている。また日本という国の現実の中で、日本人にあったキリスト的な生き方をみつけていくためにこの方法を役立てていただければ幸いである。

I　欠点との闘い

☆☆「またやってしまった」と、自分のおこないやことばを、学校や勤めの帰りに電車の中で思いかえしたり、一日のおわりに床についてから、反省したりすることがたびたびあると思う。

「なぜ、あのような、人を傷つけるようなことをいってしまったのだろう。」「なぜ、かたくなに心を閉ざして、みなから離れ一人になってしまったのだろう……」「自分にこだわり、他人のことは少しも考えなかった……」「また、暗い気持ちに負けて、落ちこんでしまったのか……」と、いろいろ考えめぐらし、堂々めぐりをして、ついには、「ああ、自分がいやになってしまった」と自己嫌悪に陥ることがあるだろう。

怒りっぽい、泣き虫、ひねくれ者、強情、気が変わりやすい、のん気すぎた……というふうに、一日のおこないや過ちを省みて、自分の欠点をみつけ、「こんどからは……」と、その欠点と戦うために祈り、力を求める。けれども、何度決心を新たにしても成功せず、何度ゆるしの秘跡にあずかっても同じ過ちをくりかえしてしまう。そしてついに、「自分は結局だめな人間なのだ。聖書に出てくる人びとや聖人といわれる人は、自分とはまったく別種の人間なのだ。あの人びとはすばらしい人びとで、神から特別に愛されている恵まれた人びとなのだ。

それにひきかえ、自分はまったく意志薄弱ですぐ自分に負けてしまう。聖人のようになれといわれても、自分のような凡人にはとうてい無理な話だ」と自信を失い、欠点との闘いに破れ、最初の熱心さもさめて、「どうせこんなものだ」とあきらめの状態になってしまう。このような体験があると思う。☆☆

1　二人の自分

多くの人と出会って共通に感じることは、みなが、「懸命に生きたい」「生きた自分をつかみたい」など、要するに「生きている」実感を味わいたいという強い望みをもっていることである。しかし、こうして何かを探し求めながらも、また同時に自分の弱さにぶつかり、はたして自分は生きているのだろうかと疑い、むなしく感じているようだ。

自分は、昨年よりも、あるいは三年まえよりも、より強い自分に成長してきたのだろうか……？　と。

またキリスト者の場合も、受洗以来の自分をふりかえってみて、はたして自分は強い人間、キリストに従う人間としてのよろこびを日々、より豊かに、深く生きているだろうかと問いかけている。しかも、その問いかけを受ける自分に、他人《ひと》を愛するよりも自分中心、積極的に働くよりも怠惰な、活気に乏しい「キリスト者」の姿をみている。

だれでも、キリストに従って生きるよろこびを感じ、そのよろこびをもって他人に尽くすとき、豊かさやなぐさめを味わった経験があると思う。しかし、このような「生きているのだ」という実感がいつとはなしにうすらぎ、理由はわからないが、まえほどよろこびを感じることもなく、むしろさびしさや弱さを感じるようになったこともあるだろう。他人のために生きようと望んでいたにもかかわらず、自分のエゴに流され、自分の小さな「我《が》」の中に閉じこもり、自分自身を見失う。そして弱さに負け、あきらめや無気力、むなしさと自己嫌悪の悪循環をくりかえしてしまう。

このように、自分の中には二人の自分、二つの顔があるのではないだろうか。調子のよい自分と悪い自分、美しい自分と醜い自分、愛したい自分と自己中心の自分、広い心の自分と狭い自分、充実した自分と空虚な自分、カッコいい自分とカッコ悪い自分、感謝のうちに生きる自分と自分を責めている自分……。

2　ただいま戦争中

自分の中に二人の自分があることをみたが、この二人の自分は、互いに相いれない関係にあり、争っていることも明らかである。そして、そのどちらかが、勝つか負けるかによって、自分はどのような人間であるかが決まるといってよい。

広い心の自分が勝っているときには、他人に寛大であることができるが、逆に狭い心の自分が表面に出ているときは、些細《ささい》なことにでも、すぐカッとなってしまったりする。

充実感に満たされているなら、毎日が楽しく、何事にも積極的にとりくみ、いきいきとしている。目から、顔から、からだ全体からエネルギーがほとばしり、自分のまわりの人びとをも明るくする。しかし、空虚な自分があらわれると、何をしてもつまらない。いったい自分のしていることに意味があるのだろうかと疑問をいだき、希望も感じられなくなってしまう。さびしい、空虚な、カッコ悪い自分……。

二人の自分はこうしていつも争っている。自分の歴史は、常に一つの闘いではないだろうか。両方の陣営をわがものにしたいという矛盾した望みもあるが、この不信、不安、空虚の中に生きている自分を救い、強めようとする不思議な力があることも感じている。暗闇の中で模索している自分を導く光、勇気と愛へと招く力がある。怠惰で閉鎖的な自分をひらかれた人間に成長させる積極的な力がある。その力は日常性に埋没する自分に働きかける。そして、現実よりも強く、現実を変えるほどの勇気を自分に与える力であり、現実の自分を超えて、キリストにおいて自分を生かす力である。

このような、二人の自分の闘いの場は、自分自身である。ところが私たちは、この闘いをあまり意識することなく、その場の気分に押し流され、自分に働きかけ、自分を超えさせる力に気づかないでいる。だからキリストとともに打ち勝ち、超えるという体験になかなか近づけないというのが残念ながら現実なのである。

聖書は、人間のうちでの葛藤とそれによって決まる人間の未来を示している。そしてキリストは私たちにこの闘いを意識させようと招いておられる。キリストの誘惑の体験（ルカ４・１〜13）が常に強調する光と闇、生命と死、愛とエゴイズムの闘い、また反キリストの事実（ヨハ１・１〜14、３・19〜21、３・36、５・43〜44、12・35〜36、一ヨハ２・９〜11、２・18、４・１〜６）がこの対立、この葛藤をよくあらわしている。

3　あなたの敵はだれか

毛沢東語録の中に、つぎのようなことばがある。

「打ち勝つには、だれが自分の仲間か敵かをはっきり知る必要がある。今まで、中国のプロレタリアが勝てなかったのは、ほんとうの仲間と一致することなく、ほんとうの敵から自分を守らなかったからである。」（二　階級と階級闘争10参照）

聖書は、羊をよそおって近づいてくる狼（マタ7・15）とか、牧者のふりをする盗人《ぬすびと》（ヨハ10章）、また、天使の姿であらわれる悪魔（二コリ11・14）について語っている。

生涯を通してよろこびと愛にあふれ、自分のエゴと現実を超えて力強く生きぬくためには、自分の中に働く二つの力を見分けることができなければならない。この区別ができなければ、よい決心を立てても、気持ちの浮き沈みによって、小さな誘惑によって、あるいは友だちに笑われて、というような些細《ささい》な理由で、自分がほんとうに歩みたいと思っている道から簡単にそれてしまうことが多いのである。今日の社会の状態に埋没することなく、しかも、この社会をよりよくしようとするならば、まず第一に、自分が現実を知り、それを乗り越えていく強い者となる必要がある。

Ⅱ 霊に生かされた自分

1　聖書の教え

キリストの教えの中心は「人間を変えること」にある。キリストは、私を変えてくれる新しい生命、新しい霊（聖霊）をもたらされた。キリスト教の根本的な価値は、まず自分自身が、自分の力を超えた「霊」によって生かされ、まわりの人びとを、そして全世界までも生かすことができるという事実にある。キリストの教えの「核」は、倫理的な基準ではなく、自分をスーパー自分――自分を超えたもの――にしてくださる聖霊である。聖霊は自分が夢みた以上の自分、限りない可能性に向かって広く力強く歩むことのできる自分にしてくださり、生かしてくださるのである。

聖パウロのことばでいえば、自分の中にある二人の自分は、「肉の自分」と「霊の自分」である。「霊の自分」とは、霊に生かされた自分、「肉の自分」とは、霊に生かされていない自分をさしている。「肉」ということばをみると、「肉体」とか「性」とかを連想するが、聖パウロのいう肉（sarx）は、霊に生かされていない自分という意味である。（ロマ8・4〜15）

聖パウロのことばをローマの信徒への手紙8章から要約すると、

① 私たちは、もう肉のうちにはいない。醜い自分、罪の奴隷となっている自分中心の自分は、ほんとうの自分ではない。これは、救われた者の叫びでもある。（ロマ8・2）

「肉ではなく霊に従う私たち。」（4節）

「あなたたちは、肉ではなく霊のうちにいる。」（9節）

② 私は、霊に従って生きるように召されている。神に求められる自分、ほんとうの自分、生かされている自分は、霊の自分である。

「肉の弱さのために律法がなしえなかったことを、神はしてくださった。」（3節）

「あなたたちは、霊のうちにいる。」（9節）

私たちは、霊に生きる者であることを実感する。

「肉の思いは死であり、霊の思いはいのちと平和である。」（6節）

「肉に従って生きるなら、死に定められており、霊によって体のおこないを殺すなら、あなたたちは生きる。」（13節）

私たちは、何度も自己犠牲とか、自分を殺さなければならないということばを耳にするが、殺すべきものは肉の自分なのである。肉の自分――不安な自分、視野の狭い自分、自己嫌悪に陥っている自分――に打ち勝ち、惰性に押し流されないように常に目をひらいていなければならない。

③　キリスト者は、霊に従って生きる者である。

「キリストの霊をもたないなら、その人はキリストのものではない。」（9節）
「神の霊によって導かれている人、それは神の子である。」（14節）

④　キリスト者の法は、霊である。
「キリストにおいて、命を与える霊の法。」（2節）
自分をキリストにおいて存在の根底から生かしてくれる霊――息吹（pneuma）に従うことが、私たちの法である。
「私たちが神の子であることを証明してくださるのは、霊である。」（16節）

ここで長く、聖霊について述べるつもりはないが、自分を生かしてくれる霊――息吹（pneuma）は、キリストが与えてくださるものであり、自分はこの霊の力によって、自分の力では到達することのできない自分――スーパー自分――に至るよう招かれていることを強調しておきたい。

その力は、

①恐れに打ち勝たせてくれる力である霊。（一コリ2・3～4）

②たえまない若さを与えてくれる力。（二コリ3・18）
刷新、再生、新たにしてくれる霊。（テト3・5）

③悩みや困難を超えて、よろこびを与えてくれる力。（一テサ1・6）

④霊に満たされ、詩編と賛歌と霊的な歌によって語り合い、主に向かって心からほめ歌いなさい。（エフェ5・18～19）
〝キリストの平和があなたたちの心の中で踊っているように、たえまなく感謝しなさい。〟（コロ3・15～17参照）

⑤新しい知識と分別を与えてくれる霊。（エフェ1・8、17）
キリストを知るための知識と敬畏を与えてくれる霊。（エフェ1・17）

⑥ 神秘体を生かし、その各々のメンバーを内面から支えてくれる力。（一コリ12章）

旧約聖書にも、神の息、霊が、人間に清い心、強い心を与える力であることが記されている。（詩編51・12、エレ31・33、エゼ36・25〜27、37・1〜14）

多くのテキストの中で、もっとも感動的なものは、たぶんエゼキエルの37章ではないだろうか。エゼキエルは幻をみて、次のようなことを記している。

「広い谷に、かわいた骨がたくさんある。骨は、砕かれた、つぶれた人間、自分の力では立ち直れない人間の象徴である。しかし、新たにくる霊によって、この骨は新しく生きかえって自分の足で立つことができるようになった。」「この骨は、イスラエルのすべての民であり、また教会、私自身の現実でもある。」（エゼ37・1〜14参照）

たびたびキリスト者について、「キリスト者らしく」とか「キリスト者のあるべき姿」などということばをきくが、要するに、キリスト者とはキリストの霊を受けて、霊に従って生きる人、肉からくる感情・思いを拒否して、霊からくる感情・思い・希望に生かされる人である。

2 人間らしさを超えて

人間らしさ即キリスト者、キリスト者は、単に人間らしければよいということを、最近耳にする。しかし「人間らしさ」ということばはあいまいなことばである。キリストの霊に生かされた人こそ、もっとも人間らしい人間といえるが、「人間らしい人間」という表現は、場合によって、ただ個性があり、人気があって、いつも成功しているようなタイプの人をさすこともある。また、人間くささ、弱さを人間らしさの意味に使うこともある。だから、人間らしさというとき、どのような意味でいっているかを考えなければならない。

キリストの霊に生かされているキリスト者こそもっとも人間らしい人間であるといっても、いわゆる立派な人間、欠点や弱さのまったくない人間であるということではない。欠点や弱さをもちながらも、人の力ではできないことが、霊のエネルギーによってできる人間なのである。強いから強いことができる、立派だから立派なことができるのではなく、弱い人間であるのに強くなれる者なのである。

エゴイストが他人を愛する人間となれる。空虚とさびしさを味わっていた者が、よろこびにあふれる者になる。愛する必要を感じていなかった人を愛したくなる……。霊に生きる者は、単に人間らしい者であるだけでなく、このように、人間の弱さのうちに働く新しい神の力に動かされ、キリストの姿に似た者になってゆくのである。そして、「金持ちは幸い。安定した生活のできる人は幸い。出世した人は幸い……」という社会の一般常識や価値観で物事を判断するのではなく、「他人のために自分の生命を与えられる人、神によって困難に打ち勝てる人は幸い」と心からいえる新しい価値観を生きる者へと、変えられてゆくのである。単なる人間らしさを超えて……。

Ⅲ 霊動識別の重要さ

☆☆聖書の中で、たびたびいわれているように、キリスト者は聖霊に導かれ、それに従って生きる者である（ヨハ14・17、14・26、ガラ5・16〜6・2、エフェ2・18）ことはいつの時代にも変わらない。そうはいっても、社会がますます複雑化し、さまざまな価値観が混在する今日、聖霊に導かれて生きるとはどういうことか、キリストに従って生きるにはどこに基準をおいたらよいかと、迷うことが多い。では、どうしたらよいのだろうか。それには、日々の生活の中で、どのように聖霊が自分に働きかけ、促しているか、自分自身の意識の深みにおける動きを知り、見分ける（霊動識別）ことである。

「霊動識別」ということばとその意味はあとで説明するが、霊動識別をすることは、現代に生きるキリスト者にとって、もっともたいせつな生き方といえるのである。☆☆

1　私以上に私を知っておられる神

私たちは、過去においてもそうだったが、現在も、人びとにキリストを知ってもらうために、どうすればよいのか、いったい何をなすべきかといろいろ考え、模索している。もし、聖霊のインスピレーションを感じることができ、示しを直接受けることができれば幸いと思うだろう。ところがそれとはっきりわかるような示しを受けることは、まれであり、むしろないといってよいだろう。しかし、じっさい何をすべきか、何が役に立つかは、私たちのほうで、神のお望みを探さなければならない。

たとえば、月に送られた宇宙飛行士は、着陸したら、そこで何をすべきかは、地球からの指示に忠実に従う。もし地球との交信が断たれれば彼らは全滅してしまう。今、この地上で生を受けている私たちも、キリストによって地球に送られ、複雑な人間社会とのかかわりをもつよう命じられているといえる。しかし、一人一人の具体的な生活において、一つ一つ何をどうすればよいかは教えられていない。だが、キリストがはっきりおっしゃったことばがある。

「霊がすべてを教えてくださるだろう。」（ヨハ14・26、マタ10・19〜20）

キリストに従って生きるとは、自分であれこれ考えるのでなく、自分の心のアンテナをたえまなく霊に向けて張り、レーダーで霊の指示を求め待つことであり、キャッチした霊の指示にこたえて生きることである。私以上に私を知っておられる神（ヘブ4・12〜13）に聴き従うことである。

2　神のことばを聴く人に

キリスト者とは、単に自分の完成や完徳を追求する人ではない。また、いつも自分の心を分析、糾明して自己満足を求める人でもない。むしろ神の働きかけに心をひらいて、たえまなく語られる神のことばを聴こうとする人である。自分にのみ目を向けるのではなく、まわりに神の国をもたらしたいという望みと使命に動かされている人である。

しかし、神の国をもたらすことは、人間の力を超えることであり、自分の考えや力ではとうてい不可能なことである。そこで、自分の中で語りかけられる聖霊に耳を傾け、みことばを通して語られる神の導きを識別しなければならない。自分が今おかれている立場から出て（出エジプトの体験）、もっと他人のものになるように努力し、心の中、日々のできごと、あるいは他人を通して、働きかけてくださる神のみことばを聴きわけることがたいせつである。

3　自由にこたえる

現代の人間は、いかに生きるか、具体的に何をすればよいのか探し求め、それを教えてほしいと願っている。しかし同時に、外部から強制されたくない、束縛を受けたくないという強い望みももっている。人間の心の中には何かに導かれたいという望みと、自由でありたいという望みがあり、この葛藤は絶えないだろう。だから自分の真の望みを知ることはたいへんむずかしいのである。しかし、知らなければますます何をしてよいかわからなくなるだろう。そこで、霊動識別を勧める意味をわかっていただけると思う。

霊動識別によって、心の中に、自分を生かしてくれる希望を感じとり、それを実行するように促しを受ける。自分を超えるような大きな力が与えられるのを感じ、何をすればよいかを悟らせられる。それは束縛とか、規則を押しつけるような律法主義的な促しではない。心の奥底をみつめ、理解し、自分の生命力の一部分としてわかるような促しである。この促しに導かれ従う時、人は真に自由にこたえているのである。

4 だれにも相談できない時に

社会の中で、複雑な問題に直面し、予測できない多くのことに出遭うキリスト者にとって、霊によって現実をみきわめ、自分の行動を決断していくことはきわめて重要である。

自分がかかえている問題の一つ一つを相談できる人がいなかったり、決断するために参考となる戒めがみあたらない。このような場合、キリスト者として主体性をもって行動しなければならない。というより主体性をもつことが、どうしても必要である。なぜなら、今までの自分の歴史と、自分の具体的な今の状況を通して語ってくださる神の導きを求め、なすべきこと、進むべき道を探していくのは他の人ではなく、自分自身にほかならないのであるから。

5　創造的な未来に向かって

教会は未来に向かってひらかれていなければならない。終末に向かって歩んでいる私たちは、自分の行動の基準を過去だけに求めてはいけない。しかしそれは、過去を否定したり、無視してよいということではけっしてない。歴史から学び、常に新しさを求めていくことがたいせつなのである。過去におこなわれた神の業を記念し、神の愛を信じながら、アブラハムのように、新しい国、まだ知らない国へと出発するのである。神は、常に自分の「今」から、新しく出発するよう私たちを招いておられる。

聖書は「神はすべてを新しくしてくださる」と、くりかえしくりかえし教えている。だが、何が「新しい国」なのかを知る基準はない。キリスト者の生き方の根本には、つねにハランを出発するアブラハムの心、エジプトを出るイスラエルの心があるのである。そしてその道は、いつも険しい。社会を少しでも変えたいと働き、社会に順応しても妥協はしない者として生きるために、強い人間にならなければならない。自分の狭さ、エゴイズム、固定した考え方を乗り越え、霊に従って人びとの中で（共同体の中で）、人びとともに（共同体とともに）、新しい国、未来に向かって生きるために、この霊動識別の方法が与えられているのではないだろうか。

6　聖書的な生き方

今まで述べてきた霊動識別ということばを、何か新しいもののように考える方がおられるかもしれない。しかし、特別新しいことではなく、聖書の中でたびたびいわれている生き方である。旧約聖書には、真の預言者と偽預言者を区別する方法として（列王記上18・20〜22）、また新約聖書の中でも、何回も出ている。

ここでは、新約聖書の箇所の要約をいくつかあげてみよう。

①「この世にならうな。かえって、神のみ旨は何か、神のみ前に、よいこと、よみせられること、完全なことは何かをわきまえ知るために考え方をあらため、自分を変えよ。」（ロマ12・2）

②「あなたたちの愛が、ますます深い知識と理解とにおいて、まし加わることを祈る。あなたたちが、よりよいことをわきまえ、キリストの日に、清い、とがめのない者となるためにキリストからくる正義の実に満たされるように。」（フィリ1・9〜11）

③「愛する者たちよ、すべての霊を信じることはしないで、それらの霊が神から出たものであるかどうか、確かめなさい。」（一ヨハ4・1）

④「霊を消してはならない。すべてのものを識別して、よいものを守り、あらゆる種類の悪から遠ざかりなさい。」（一テサ5・19～21）

これらをみると、より深く愛するために、わきまえ知る（識別する）ことがいかにたいせつかがわかる。このことは、多くの神学者も、新約聖書の教える倫理・道徳観は、具体的なおきてを守るというより、たえまなく聖霊の導きを識別する倫理・道徳なのであると主張しているくらいである。

Ⅳ 霊の動きをみきわめるために

☆☆キリストが私たちに望まれることは、既に述べてきたように、肉の自分から、霊の自分に変わる。つまり新しい自分になることである。それは自分の全存在をもって霊的生活をすることであり、霊的生活とは、霊に導かれて生きる生活である。この生活によって、しだいに成長し、新しい自分になっていくのである。

ところで、この霊の導きは、具体的に私の中で、どう感じとられているのだろう。聖霊の導きも確かにあるのだが、悪霊も同時に私たちに働きかけている。私の中に存在する欲望、感情、欲求、本能などがひきおこす葛藤——そこで聖霊は、私をどのように導いてくださるのだろうか。また悪霊は、それらを用いて、私をどこに連れていくのだろうか。

仏教でも、人間は煩悩《ぼんのう》に悩まされ、錯覚に陥り、ほんものを見失い、惑わされる者だと教えている。同じように聖パウロも、自分の中に宿るのは聖霊だけではないこと、つまり罪も宿っていることを嘆いている（ロマ7

章)。これは仏教でいう業《ごう》に近いかもしれない。私たちも聖霊の導きに反するエゴイズムの動きを心の中で、毎日のように体験している。

では、この複雑な「霊動」——心の動きの中で、私たちは、どのようにして聖霊の導きを識別することができるのであろうか。

これから話すことは、聖書に基づいて実践されてきた一つの知恵ともいえるもので、英語ではDiscernment of spiritsといい、日本語では、「霊動識別」と訳されている。もっと親しみやすいことばはないものかと思うのだが、適当な訳語がみあたらずにいる。訳語はともかく、私の文章をこの先も読みすすんでくださり、「霊動識別」が何であるか、その目指すところは何であるかを理解していただければ幸いである。☆☆

1　野球の試合のたとえ

一つの例をあげよう。野球の試合の九回裏、同点でツーアウト満塁の状況を想定していただきたい。観衆はわきかえっている。三塁にいる選手の耳には、いろいろな声が入ってくる。監督からのサインもなく、「走れ、走れ」、「ストップ、ストップ」などいりみだれて飛びこんでくる声は敵、味方のどちらからくるかわからない。これでは、正しい判断も、正しい行動もできない。

ところで、私はこの選手に似たような状況におかれた人びとの話を、じつにしばしばきく。正しい判断をし、行動しなければならないはずだが、「そうしたい気持ちはある……」とか、「そうする気持ちになかなかなれない……」とかいって、もう一歩踏み出すことをしない。状況の繁雑さ、あるいはあいまいさがそうさせるのかもしれない。そして、多くの場合、人は、いわゆる気持ち、感情、傾きといったものが生じてくる源をみきわめようとしないま、なんとなくそれらの動きに従って行動している。私たちは生活の大部分を、感情のまにまに、あるいは心の耳にいちばん強くきこえてくる声に、考えもなく従って生きているのではないだろうか。

しかし、そうならば、私たちの人生には筋が一本通っていないといわれるのも当然だろう。また、何年信仰生活をしても、あまり、いや、まったく進歩がないといわれてもしかたがないだろう。心の動きをみきわめないでとった行動が、偶然に聖霊に従うということもありうるかもしれないが、いつもそれで成功するわけではない。だから、むずかしい時は状況に押し流されてしまい、強く生きられないというのが本音ではないだろうか。

2　一つの原則

川の流れに従って泳いでいるとき、流れは私を押してくれる。流れにさからって泳ぐなら、逆流は私の動きに抵抗するもの、私の動きを押しとどめるものとなる。霊動識別の第一の原則は、私を押す力と押しとどめる力について説明している。

a――聖霊に従って生きる（川の流れに従っている）なら、流れは善をする力となっている。しかし、悪霊は常に、この流れを押しとどめるものとして働き、私たちの前に逆流となって押しよせてくる。つまり、熱心に生きようとする人びとに、聖霊は力を与え、すべての妨げをなくし、心の平安とよろこびを与えるよう働かれるが、悪霊は、いろいろと妨害し、人びとの力を落とさせ、信頼とファイトを失わせる。また、さびしさをつのらせたり、とりこし苦労をさせ、行動することをやめさせようとする。（霊操315参照）

b――同じように川の流れに従って生きているのだが、この流れは惰性的に生きて、神の息吹に生かされていない流れである。そういう状態の中で、聖霊は悪の流れを押しとどめる力、悪に抵抗する逆流となって働かれる。つまり、まったく進歩しようとせず、神不在のままに生きる人には、悪霊は虚偽のよろこびを真のよろこびと錯覚させ、神不在の状態から出ないようごまかしの理論、にせのよろこびを想像させようとする。こういう時、聖霊は人の良心に訴えかけてくださる。これでいいのか、なんとかしなくては……というように、ちょっとしたこと、ごくあたりまえのことがらを通して問いかけてくださる。こうして聖霊が悪の流れを押しかえす力となってくださるのである。（霊操314参照）

以上のことは新約聖書のガラテヤの信徒への手紙にいわれているように、

「肉の望むことは霊に反し、霊の望むことは肉に反する」(5・17)という事実を人は何かの形で示され、教えられるということである。霊動識別をするにあたってこのことをはっきり知るように、これが第一の原則である。

この先を読みすすんでいただくと、霊操ということばがしばしば出てくるので、ここで簡単な説明をしておきたいと思う。

「霊操」ということばは、英語から直訳すれば、霊的エクササイズという意味である。また、体操に似たものとして使われている。

たとえば、マラソン選手はよく走るために、からだのいろいろな部分を動かし体操をし、体育館で準備をしてからスタートラインに立つ。選手が、自分のからだのすべての可能性を生かしベストを尽くすのは、競技場で、一生けんめい走るためである。このように、人間は神から与えられたすべての可能性を生かし、ほんとうに充実した自分になるために、自分の魂の体操のようなことをして自分の存在全体をととのえていくことから、霊的なエクササイズ、「霊操」ということばが使われている。

また黙想会という意味でも使われる。黙想会というと、けんそんについての黙想会、クリスマスについての黙想会、誓願についての黙想会、あるいは、選定のための黙想会など、いつも一定のテーマがある。霊操も一種の黙想会であるが、このようなテーマにそってするというより、自分自身、自分の生き方それ自体が、黙想の内容であるという特徴をもつ黙想会である。きょうまで、自分がどのように生きてきたか、神が自分を、どういうふうに生かしてくださったか、さらに、これから神が自分をどういうふうに生かしてくださるかを黙想する祈りの方法である。

霊操をこのような形で、はじめて体験したのは聖イグナチオである。自分の体験と、その体験に基づいた一つの方法を文章にしたものが『霊操』という本である（この本には、どの訳のものでも共通の番号が打ってあるので、引用に霊操の番号が記入してある時は、この本をさしている)。

霊操の方法にはいろいろある。泊まりこんで、八日間とか、一か月とか指導を受けてする方法もあれば、日々の生活の中で、毎日三十分、一時間と黙想する方法がある。

したがって、霊操というと、『霊操』という本のこと、あるいは黙想会のこと、場合によっては一時間の黙想をさすこともある。

『霊操』1番ではつぎのようにいっている。

「霊操とは、糾明、黙想、観想、口祷、念祷、その他の霊的働きをするあらゆる方法をさしていう。これが霊操といわれるのは、散歩したり、歩いたり、駆けたりするのが体操であるように、霊魂を準備し、ととのえるあらゆる方法だからである。そしてこれによって、霊魂はすべてのよこしまな欲情を除き去るとともに、これを除き去ったのち、救霊を得るため自分の生活をととのえるうえに、神のみ旨を求め、見いだすのである。」

神は、
実り豊かな人生を
愛されるように、
何の実も
結ばなかった人生をも
お愛しになる。

「心の歌」アントニー・デ・メロ著より

V
なぐさめの状態とすさみの状態

☆☆日ごろの気持ちの変化を考えてみてほしい。

「二人の自分」の項でも述べたが、調子のよい時とそうでない時があるのに気づくであろう。好調ということばが示しているように、「最近、調子がいいなあ、元気で小さなことにもよろこびを感じ、希望もあって、何か力も出てくるし、いきいきしている。自分のことだけでなく、他人のことも考える余裕がある」というような状態と、「調子がさっぱり出ず、落ちこんでいる。すべてが暗くみえ、よろこびもなく、何もできない。何もしたくない。自分も他人もいやになる」という二つの状態がある。前者をなぐさめの状態、後者をすさみの状態といっている。

次に、それぞれの状態をもう少し詳しく述べよう。☆☆

1 なぐさめの状態とは

なぐさめには、いくつかの種類がある。一つは、感動する時、神の愛を強く感じる時、キリストを身近に感じる時、仲間を強く感じる時などに、心の中でおきる内的な動きである。感動にとらえられ、神のほかには何も愛することができなくなる。すべてがじゃまに思えてくる。これは、神以外のものがいやだということではなく、それほど神にとらえられているということである。だから神以外のものを愛するとき、すべてを神の愛のうちにおいて、神にとらえられたその満ちあふれによってのみ愛することができるのであって、これ以外の愛し方ができない状態にあるのである。不純なものがまったくない愛のうちにおける深い感動である。時にこのような大きな感動、なぐさめを感じることがあるが、それはふつう、たびたびあることではない。特別ななぐさめであるといえるだろう。

もう一つは、涙が出る時のなぐさめである。キリストのご受難と自分の罪に対する神のあわれみを思って深いよろこびを感じたり、何か新しい発見をしたりして、うれしさのあまり、涙があふれ出る。涙は大きな恵みであり、神からの賜物である。しかし、私たちがもっともふつうに感じるなぐさめの状態は、もっと落ち着いた、静かな状態である。

たとえば、心に平安と深い落ち着いたよろこびをすなおに感じとることができ、信じ、希望する心は強められ、神をも他人をも心から愛し、すべてを信じたく思い、困難があってもそれに打ち勝てそうな静かな自信とファイトをもつことができる状態、また自分が神のうちに落ち着き、神について考えるのが楽しく、神とともにいることがありがたく感じられ、神に生かされていることを実感できるような状態である。心の中に光があり、すべての暗闇と不安を追いはらい、すべてをすなおに受けいれられる穏やかさ。このようななぐさめの状態をだれでも体験したことがあると思う。信仰、希望、愛は深まり、神をもっと知り、愛し、自分の霊的成長に励むように招く心の動きを体験したことがあると思う。（霊操316参照）

ここで注意しなければならないことがある。よろこびの状態にあるにしろ、暗いメランコリーの状態にあるにしろ、ある種のよろこび、なぐさめ、平安や落ち着きを感じても、それらが真に神からくるものであるか否かをよくわきまえる必要がある。

よろこびには、たとえば、コンパで仲間同士が大勢集まり、飲んだり騒いだり、ある話題に熱中している時に感じる興奮したよろこびがある。このような感情の盛りあがりとしてのよろこびもあれば、反対に静かなよろこびもある。外からくる騒々しいよろこびではなく、存在の奥深いところからわき出て、自分を満たす静かなよろこび……。神からくるよろこびは、けっして騒々しいよろこびではない。今、私が話しているのは、静かなよろこびのことである。

また性格的にメランコリーに陥る傾向にある人や内向的な人は、暗い感じのことを考えたり、もの悲しい音楽を聴いたりすると、一種の落ち着きを感じることがある。これは性格的なものからくる自然の流れにそったもので真のなぐさめとはいえない。

聖霊は暗闇の状態にある時、なお暗い感じをもたらすような働きかけをするものではない。むしろ落ちこんだ暗い状態、谷底から引きあげ、明るい光の方へ導きたいのであるから、メランコリーとは逆の励ましの声として響くであろう。暗闇の状態にある時、なお暗い感じをもたらすものは、聖霊ではなく悪霊のなす業である。

単なる心理的、意識的なものからくるよろこびやなぐさめと、神からくる真のなぐさめとを区別する必要がある。ひとことでいえば、神からのなぐさめの規準は、いつも、静けさ、安らぎ、深い落ち着き、穏やかさなのである。なぜかといえば、心の深いところに入れるのは神のみだからである。人間の心の動きはひじょうに微妙なものであるから、その識別を自分一人でするのではなく、霊的指導者に相談し、ともにすることがたいせつである。

2　すさみの状態とは

すさみの状態にある時の気持ちは、なぐさめの状態にある時とはまったく異なる。まず心の中に、暗闇と混乱がある。暗中模索し、どこに向かって歩めばよいのかわからない。目標を失い、いろいろなくだらないものにひかれる。たとえば、つまらないテレビ番組や週刊誌、あるいは自分の好奇心を満足させるものしか求めない。ふらふらした気持ちでいる。また心の中にいろいろなとりこし苦労や暗い考えが浮かんでくる。そしてそこから不安になってくる。とりこし苦労からくる不安は、すさみの状態にあることのはっきりした一つの特徴である。信仰についていえば、自分はまちがっているのではないか、ほんとうは自分は何も信じていないのではないか。今までの信仰生活全体は、自分自身をだまし、無理にいいきかせてきたことだったのではないかなどと疑ったりするのである。

またすさみの状態にある時は、希望はあまり感じず、感動もしない。以前自分に大きな感動を与えたことをくりかえしおこなっても、何も感動せず、逆に鈍感で、悲観的になり、すべてが暗くみえてくる。その結果、怠惰に陥り、足が重く、何もしたくなくなる。すべての努力はむなしく、苦しい感じになってくる。かつて身近に感じた神は、自分を捨ててしまい、今あるのはみじめな自分だけ。神が存在しないかのように感じ、神から見捨てられたかのように感じる暗い孤独。不安とゆきづまりの状態である。このように感じる時には、すさみの状態にいるというしるしである。（霊操317参照）

3　対人関係からみるなぐさめの状態とすさみの状態

他人とのかかわりから考えてみると、なぐさめの状態の時には、他人に対して寛大で、すべてをゆるすことができ、またゆるしたくなる。人びとへの愛があふれるようにわき、多くの人びとや仲間たちと、真の友だち兄弟になりたいと願う。自分に対しても、自分の欠点や弱さに対しても自己嫌悪に陥ることなく、神にゆるされ、生かされている実感をもつことができる。

逆にすさみの状態の時は、他人がいとわしく、些細《ささい》なことでもしゃくにさわり、他人の欠点が目についてしかたがない。時には、自分が他人の悪意の犠牲者になっていると思いこんで、他人を受けいれず、心の安定を失う。また嫉妬を感じ、差別しがちになる。

自分についても、他人と比較し、自分のほうがあの人よりすぐれていると考え、ごうまんになったり、あるいは自分はあの人より劣っていると思って腹立たしくなったりする。ごうまんと自己嫌悪の間を常に行ったり来たりしている。結局自我が強く、神に生かされた状態でなく、自分が神になっている。自分だけが正しく、他の人はまちがっているとか、反対に自分だけがまちがっていて、他の人はみな正しいと思いこんでしまう。物事を全体的にみることができず、一面だけみつめがちになる。

ひとことでいえば、なぐさめの状態とは、人びととの一致をもたらすものであり、すさみの状態とは、人びととの不一致、疎外、分裂をもたらすものである。

4　常に神の声が聞こえるように

以上の説明から、なぐさめの状態は常に神からのもので、その声がはっきりきこえる時であり、すさみの状態は、神の声がきこえなくなり、自分の情欲や欲望、世間の常識などの声が大きくきこえる時だということがおわかりいただけたと思う。

なぐさめの神は、わたしたちがきこうときくまいと、常に語りかけていらっしゃる。神の声を電波にたとえれば、なぐさめの状態とは、私の心のレーダーのアンテナに神の電波が入ることであり、すさみの状態は、神からの電波が自分のレシーバーに入ってこない時である。

聖イグナチオは、私たちができるだけいつも、なぐさめの神の声がきこえる状態、つまりなぐさめの状態にいることができるよう、心身をととのえることを勧めている。この状態が持続するなら、私たちはおのずからよいおこないをし、霊に生かされて大きなプランを立て、現実に打ち勝ちながら自分の理想を生きることができるのである。そして、自分のことよりも、みなの利益を追求した生き方を、きわめて自然に選びとることができるのである。

すさみの状態にいる時は、意志も弱まり、打算的で、現実に負けやすく、現実に妥協して理想から離れてしまう。このようなことは経験からたびたび思い知らされている。自分のよい決心を変え、いろいろな誘惑やセックスになぐさめを求めるのもそのような時である。

聖書におけるキリスト者の姿、霊に生きる人間の姿は、たとえ外面的に迫害、困難、苦しみ、誤解があっても、心はなぐさめの状態にあり、よろこんでそれらに打ち勝ち、なお周囲の人びとにもなぐさめを与えるほどの余裕のある人間として描かれている。(二コリ1・3〜7、3・17〜4・18、コロ1・24、3・12〜17、一テサ1・6、ヘブ11・32〜38参照)

このようにわたしたちがいつもよろこび（なぐさめの状態）のうちにいることができるとしたら、どんなに強く生きられることだろう。霊的にも、人間的にも、あらゆる面において、どんなに勇気をもつことができるだろう。私たちにとって、神からのよろこびこそ力なのである。

5　すさみに陥る三つの理由

これまでなぐさめの状態とすさみの状態を説明してきたが、神は「なぐさめの神」であるから、わたしたちを常にご自分のなぐさめで満たしたいと望んでおられる。それにもかかわらず、どうして私たちはたびたび、すさみの状態に陥るのであろうか。理由はいろいろ考えられるが、聖イグナチオがいうように、つぎの三つに要約できると思う。（霊操322参照）

(1)　怠惰

まず第一の理由は、怠惰である。霊的なことがらに対してちょっと怠け心をおこし、それがたびかさなってしだいに気がゆるみ、以前のように、神の求めておられることを果たさなくなり、そのうちにすさみがやってくる。神が求められる熱心さが私たちの中でしだいにうすれていき、神からのなぐさめを感じなくなるのである。

神が私たちを成長させたい、励ましたいと思っておいでになるにもかかわらず、私たちは神にそっぽを向き、神以外のものを求めたりする。このような時、神は戒めとして私たちがすさみの状態になるがままになさる。例をあげるなら、子どもが何か悪いことをすると、お父さんは怒った顔をしたり、あげようと思っていたキャラメルもあげないことにしたりするように、私たちが神から離れると、神はなぐさめをとり去って、自分たちのありさまに気づくよう知らせてくださる。

ここで注意しておきたいことは、神の意志を果たさない時にくるすさみの理由が怠惰のためというよりも、むしろその逆であることもある。熱心ではあるのだが、その方向は的がはずれている。たとえば、神経を使いすぎたり、ありのままの自分でよいのに、もっとよくしたいと自分に無理してがんばったりする時である。こういう時、人は黙想会によく参加し、熱心に祈るのだが、神がその人に、もっとご自分に信頼し、ゆだね、安心して、無理をしないように教えていらっしゃることに気づかない。このように、神がご自分のお望みを語りかけておられるにもかかわらず、人が神を信頼せず、なお神経質に無理をしたり、緊張しすぎたりして、あやまった熱心さの中にいるなら、せっかく与えられた神からのなぐさめは消えてしまうのである。

もし、私たちが怠惰になったり、あるいはあやまった熱心さでがんばりすぎたりして、神から離れても、神がいつもわたしたちをなぐさめの状態においてくださるとしたら、私たちは反省するきっかけを失って、ますます神から離れてしまうだろう。すさみがなければ、糾明もせず、そのまま過ごしてしまうので、神を愛するかわりに自己愛に陥っていくだろう。

神がすさみをもって、わたしたちに反省をするよう促してくださるのは、ありがたいことである。それは、いわば自動報知機のようなものである。

(2) ごうまん

第二の理由はごうまんである。人は、長期間祈りがうまくいっており、成功し、なぐさめの状態がつづくと、自分はもうだいじょうぶと思いこむ。神に支えられていること、それが自分の努力からではなく神からの無償の恵みであることを忘れてしまう。調子よくいっているので、自分は霊的生活に進歩している、悟ったと考え、ごうまんと虚栄に陥る。このような時、神はなぐさめを取り去ることによって、すべては神によるものであり、人は神によらなければ何もできないことを教えてくださる。

なぐさめはすべて、神から与えられるものであるとわかっていても、人間はなぐさめそのもの、賜物そのものにとらわれ、それに愛着を感じてしまう。私たちを励まし、成長を促すためのものであったなぐさめが、いつのまにか目的にすりかわり、なぐさめそのものを求め、なぐさめを得るために善業や祈りをするようになる。これでは神と人びとを愛しているのではなく、自分自身を愛してしまっている。よくみきわめ、糾明するなら、結局これもごうまんが理由になっていることがわかる。

(3) 精錬（鍛錬）

神は、私たちを清め、私たちが自分の足で立てるように、そしてたえず成長するように望んでおられる。親は、子どもがどうにか一人で立つことができるようになると、手を離して歩く練習をさせる。手を離してはいても、いつも子どもを見守っている。たとえていえば、神はこの親の心のようだといえる。

鉄を精錬する時、まず溶鉱炉にいれて溶かす。また強靱《きょうじん》なものにするには、熱してたたいたり、急激に冷却したりする。このように、純度を高くし、強靱にするために、神は人がすさみの状態になることを妨げない。イスラエルの民を四十年間荒れ野におき、旅させられたように。

これは、霊魂の暗夜といわれているものである。神は、私たちをただ神と人間のみを愛する強い人間にしたいと望んでおられる。たとえなぐさめがなくとも、また何の報いが得られなくとも、深い愛をもって愛することができる人間になることを求めておられる。イエスも、四十日間荒れ野で生活されたではないか。霊魂の暗夜、砂漠の体験は、私たちがすさみやなぐさめなど、心の状態にこだわらず、いっさいのものにとらわれない心で、純粋に神と人とを愛していくことを教え、またそのようにできる力も与えてくれる。

三つの理由を考えてきたがいずれにしても、すさみの状態がくるのは、神にもっと近くあるようにとの神の愛への招きなのである。

6 糾明の重大さ

では、すさみの状態に陥り、いろいろなことがうまくいかなくなった場合、どうしたらよいのだろう。まず、どうしてすさみに陥ったかを糾明することである。

第一の理由について反省しよう。もし私が、すべきことを怠って、神にそっぽを向いたり、まえに神が教えてくださった安心感を捨てて、その信頼から離れ、また自分で心配するようになったことがわかったら、ゆるしを願い、回心し、もう一度神に自分を向けていこう。

べつに第一の理由にそむいたと思わなければ、ごうまんと虚栄心に陥ったか、変な自信過剰に傾いたのではないか調べよう。正直に自分を調べ、これが認められるなら、回心し、神のみ前にへりくだり、なぐさめを感じる資格のないものであることを告白しよう。

第一の理由にも、第二の理由にもそむいたと思われない時には、神は私を清めたい、より強い人間にしたい、またなぐさめからも離脱させたいとお望みになっていると考え、心配しなくてよい。

アビラの聖テレジアの祈りを例にとれば、彼女は十四年ものあいだ、ずっとすさみの状態にあり、黙想の時間がひじょうに苦痛に思えた。ところがある日のこと、空の雲がひらき、突然神からの、一生つづいた、深い神との一致の実感という最大の恵みをいただいた。

わたしたちもすさみの状態にあっても、ゲッセマネの時であっても忠実でありつづけるよう励み、神の恵みのよりふさわしい器となりたい。こうすることは十字架の秘義の一つを生きることである。十字架を通して復活へ、清めを通して愛に導かれるのである。こうしていつかある時、私たちも神からより大きな恵みをいただくであろう。

神の愛に近づき、神の愛の深みへと招かれるためには、みずからを省みる時をもつことがどうしても必要である。

このように、黙想をしたあと、あるいは、毎晩寝るまえに意識の糾明[注①]をするなり、また、回想[注②]のポイントを書く（霊操77参照）など、自分をふりかえってみる時をもつようにしたいものである。

これをするための意識の糾明と回想のポイントについて、ここでは簡単に説明しておく。詳しく知りたい方は「心の動きに気づくために」（本書95ページ）を参照していただきたい。

注①意識の糾明——ふつう糾明（examination of conscience）というと、自分の行動を省みることをいう。祈祷書にあるように、自分の思い、ことば、おこないを吟味して、自分が神に従ったかどうかをみることをいうが、意識の糾明は、自分にとっていちばん身近なものである自分の心の動き、心の中におこった感じ、霊動（霊の動き）を通して、またできごとを通して、神が私の中で何をなさったか、何をなさろうとしているのか、何を語ろうとされているのかを吟味すること。

注②回想のポイント——祈りや各黙想、また一日のおわりに、その祈りや黙想、一日について、意識の糾明をするためのポイントのこと。

7 なぐさめとすさみの中で

(1) すさみの時には

a ——パチンコの玉はごめん

さて、糾明によって、自分がすさみの状態にいるとわかった時、どうすればよいか。今、すさみの状態の具体的な例をみながら考えよう。

原則をいうなら、第一に、すさみの状態の時には何も決心しないこと。またまえに決心したことをゆるがさないことがたいせつである。(霊操318参照)

本書の「Ⅳ霊の動きをみきわめるために」の項で述べたように、また野球にたとえるならツーアウト満塁の状況で、三塁ランナーが、もし、「走れ、走れ」といっているのが敵であると知りながら、その声に従うのはナンセンスであり、失敗は明らかであろう。このように、すさみの状態になった時、すさみの動きに従って何かを決めて行動するのは、敵の声（悪霊のさそい）にさそわれて走りだすランナーのようである。

またこういうこともよくある。何かを求めて教会を訪れはじめた人が、少しずつ神を知るようになり、しばらくのあいだはなぐさめを感じ、満たされた状態でいる。そのうちにすさみの状態に陥ると、神の存在も漠然としたものになり、神への信頼も失われ、しだいに神から遠ざかってしまう。

また洗礼を受けて数か月は神の恵みを豊かに感じ、すべては順調に進んでいく。やがて、怠惰のためか（すさみの第一理由）、神がその人をより強めたいためか（第三の理由）、なぐさめは必ずといってよいほど消え去る時がくる。このような時、信仰の恵みを疑って後退するなら大失敗する。

このほかにもまだいろいろ例はある。

黙想会に参加し、祈りのうちになぐさめを得、これから短い時間でもよい、毎日黙想をつづけようと決心したり、修道生活に入ることを考えたりする。

しかし現実の生活にもどるとそう簡単にはいかない。怠け心か、あるいは、修道召命への招きにもっと真剣にとりくむようにとの試しか、なぐさめはうすれ、毎日の黙想にも苦痛と無意味とを味わう。考えはじめた修道生活への召命についても、「こんなに忙しくては?」「宗教的偏りはないか?」「一方的な考えかもしれない」「現実からの逃避ではないだろうか?」「ふさわしい結婚相手があらわれたら、結婚したほうがよいのではないか?」など、拒む理由がつぎつぎに出てくる。

何年間も司祭として、たくさんの人びとと共に神の道を歩んでいる私が、いつも残念に思い、またとても悲しく感じることがある。それは、すさみの状態の時、多くのすばらしい人たちが、確かな聖霊の導きのもとに立てた決心を捨て去り、すさみの状態にただとどまっていることである。

霊動識別の第一の原則を思い出そう。熱心な人びとに対し、聖霊は彼らを励まし、困難から救い、より大きな希望へと招こうとしているが、悪霊は人びとのなぐさめを妨害し、ちょっとした困難を過大視させるとともに、はじめの決心を守れない偽りの理由を想像させ、失望させようとする。このような霊の動きが明らかにわかっているにもかかわらず、わたしたちは、たびたび、すさみの状態に流され、決意をゆるがせてしまいそうになる。毎年黙想会に参加し、もう一度がんばろうと決心しなおすが、現実の生活にもどり、すさみの状態がくるとこの第一原則などすっかり忘れて、立てた決心を変えてしまう。そしてつぎの黙想会まで待つということにもなりかねない。これでは、一度高い所までのぼるが、けっしてそこにとどまれず、落ちて穴にもどってしまうパチンコの玉のようである。このようにしていると、人生の長い年月を、同じような所を堂々めぐりして終わってしまうのではないだろうか。自分がどのような状態にいるかを落ち着いてしっかりつかんでいるなら、新しい決心は何もしてはいけないのである。

とはいっても私たちは、すさみの状態になると、かつてのなぐさめの気持ちは錯覚にちがいないと考えがちである。やはり自分はだめな人間なのだ、どんなに熱心にやっても自分には無理なのだと思ったりする。その一方では、少しまじめになってよい決心をしてみては、自分の生き方はあのロケットのように一直線に、神に向かっているのだと極端に走る。

しかしここで現実をみよう。人生には山もあり谷もある。浮き沈みしつつ流れている。そうならば、暗い谷間にいる時、太陽はあるのだろうかと疑ったりするのは馬鹿げていないだろうか。

くりかえしいうが、すさみの状態にいるなら、新しい決心をせず、また以前に決心したことを変えてはいけない。そうでなければ、毎回スタートラインにもどることのくりかえしで、いつまでたってもまえに進まず、成長しない。これでは霊に生きる強い人間、よろこびに生きるキリスト者にはなかなかなれないだろう。

b――強くなりたい人のために

すさみの時に、真の強さを望むなら、単に決心を変えないだけでなく、決心したことをさらに推し進めてみることである。

たとえば、毎日十五分間黙想をしているとする。すさみの時にこの黙想をやめてしまおうとする心の動きがおきてくる。ここで勧められるのは、黙想をやめてしまうのではなく、かえってこの動きに反し、最初に決めた十五分よりも長い時間黙想してみることである。(霊操13参照)

味気なく単調に感じるこの黙想の時をこうして過ごすことによって、すさみの状態に負けるどころか、逆にすさみの状態を新しい成長のきっかけにすることができるのである。

表面的にみただけでは、私たちはなぐさめの状態にいるほうが理想的であるかのように思いがちである。しかし、じつは、私たちにとって、すさみの状態もひじょうに有益なのである。すさみの状態にある時こそ、よく糾明するなら、新しい発見をすることができる。ふつう、大きな回心は、つらいすさみの時を過ぎ越した結果なされるものである。

また、私たちの神への愛を考えるなら、どのような時にもっとも神を愛しているだろうか。それは、感情的に神の愛を感じる時よりも、むしろすさみのさなかに、自分のすべてを神にささげることができた時ではないだろうか。十字架の聖ヨハネがいうように、神との一致は、暗夜のうちに実現される。ところが、私たちの九十九パーセントは、そのようなすばらしい道をあゆむどころか、すさみの状態の時決心を変えてしまうので、ぜんぜん進歩しないということになる。（霊操319参照）

c――すさみを乗り越えるために

すさみの時、もう一つたいせつなことは、自分がすさみの状態であることをよく意識することである。この状態はそう長くつづくものではない。近いうちに努力が実り、神から新たななぐさめがきっと与えられるに違いないと信じることである。すさみの状態にある時は、一人で空回りしているよりも、親しい友だちやグループのだれかに話すなら助けと力を得るだろう。また美しい音楽を聴いて雰囲気を変えたり、きれいな映画、楽しいミュージカル映画をみにいったり、散歩に出かけたりするのもよいだろう。すさみの状態があまり長くつづくようなら、旅行したり、二、三日山に登ったりして気分転換をはかることは役に立つ。(霊操320〜321参照)

(2) なぐさめの時には

すさみの状態の時にどうすればよいかといろいろ話してきたが、ではなぐさめの状態にある時にはどうすればよいか考えてみたいと思う。

すべてがうまくいく、あまり努力しなくてもよく祈れる。神をひじょうに身近に感じる。何でもできそうな気持ちや成長したという感じなどは、なぐさめの状態にある時のしるしである。そのような時は、思いあがらないよう注意し、すぐに、いただいたなぐさめは恵みであることをよく意識し、心から神に感謝することがたいせつである。ややもすれば調子のよさに陶酔し、ごうまんや自信過剰になりやすいし、「のどもと過ぎれば熱さを忘れる」のことわざどおり、私たちは今の今まで苦しみやすさみの中にいたことを忘れ去ってしまうものである。これでもうだいじょうぶと怠惰になったり、あたかも自分自身でなぐさめの状態を得たかのような錯覚に陥ってしまいやすいのである。

だから、このような時にこそ、神のみ前で自分を低くし、自分はなぐさめを受けるに値しない者であることを自覚し、いつも神への感謝の心で歩むのはひじょうにたいせつである。感謝できる人こそ、真にけんそんで、神の愛となぐさめを受けるにふさわしい人なのである。(霊操324参照)

なぜ神はこのような恵みを与えてくださったのか自分に問うことはよい。

けんそんに神によりすがったためだろうか。自分に信頼せず、神を頼りにしたためか。よくがんばったから、神がその報いとして私をなぐさめたいとお思いになったからだろうか。あるいは逆に、私がどうしようもないほどだめだったにもかかわらず、おん憐れみの心から与えられた、神からの無償の恵みであることをお教えになりたいためだろうか。これらのいずれもが、なぐさめの状態の理由として考えられる。ではこのなぐさめの中に、どのようなメッセージが含まれているのだろうか。神はなぐさめをとおして私に何を教えようとなさっているのだろうか。それを知ることによって、私は神の心をより深く知ってゆくことができるのである。

次に、今感じているなぐさめがなくなったらどうするだろうかということを考えておいていただきたい。

たとえば、黙想会のあいだには、すべての困難はいともたやすく乗り越えられそうにみえるが、さて現場にもどりこれらの困難にぶつかると逆もどりして、すべて捨ててしまいたいような気になるかもしれない。その時どうしたらよいか。またそのようにならないよう、今の恵みの時をたいせつにして生きるためには、どうすればよいのかをまえもって考えておくことはたいへん有益である。(霊操323参照)

ここで忘れてならないことは、聖霊の導きを確かなものとわかるために、ただ一度だけなぐさめを感じたから、また一度だけすさみを感じたからといって、急いで結論を出さないことである。とくに重大なことがらを決める時は、黙想会などで、ゆっくり時間をかけて霊の動きをみきわめることがたいせつである。

8 悪霊の動きをみつける三つのコツ

(1) 恐れてはいけない!

悪霊は短気な女性のようである。ここでまず断っておくが、聖イグナチオが悪霊のやり口を短気な女性にたとえる時、けっしてやさしい日本女性を考えていたわけではない。十六世紀のスペインやイタリアの、元気がよくて、勇ましく、感情的にも激しい女性たちを念頭においていたのである。そのような女性が夫とけんかしたとする。もし夫が強く出れば、彼女は怖くなり、あまり大きな騒ぎたてはしないことだろう。しかし逆に、夫が弱気で、彼女を恐れるようなら、彼女の怒り、荒々しさはとどまるところを知らないほどのものになるだろう。（霊操325参照）

私たちにとってもっとも損なことの一つは、恐怖をもつことである。失敗を恐れる、他人の目を恐れる、困難を恐れるなど恐怖が私たちの成長をどれほど妨げているか。たとえ成長している人であっても、恐れはどれほど人を不幸にし、暗闇と不安の中に陥れ悲しませるかは、みなが経験していることと思う。悪霊は、恐怖に対する私たちの弱さを十分知りつくしているので、私たちが始めようとしていることや、すでにしているよいことをやめさせるために、たびたび私たちに恐怖をいだかせる。短気な女性のような悪霊のやり方を心得ておくことはたいせつである。不安や恐れを直視し、なぜ今、自分が不安になっているのかを冷静にみる勇気を出そう。案外、恐れるほどのことではないのがわかり、その恐れから解放されるものである。

しかし不安や恐れ、心配にとらわれてしまうなら、視野が狭くなる。まるで急な下り坂を落ちていくような気持ちになり、自分がどこまでいくのかわからないで、ますます不安や恐れがひどくなってくる。よいことができないだけでなく、自分をますます狭くしてしまい、自信を失って、もっている自分の能力を少しずつだめにしてしまうことになる。

たとえば、何か怖さや不安がある時、ふつう二つの反応の仕方がある。

一つは、それに流されてしまう。自分の怖さや自分の不安が怖くて、それに流され自分を失ってしまうのである。もう一つは、できるだけそれを無視して怖くないかのように、また不安でないかのように感情を抑えてふるまおうとする。自分を抑圧する。しかし、こういう時、聖イグナチオが勧めるのは、このどちらでもない。

怖いという時、これは感情なので客観的なものではない。ある人は暗闇が怖いというが、暗闇それ自体は怖いものではない。なぜなら暗闇を怖く感じない人もいるのだから。つまり、暗闇に対する怖い気持ちは、暗闇それ自体から生じるものではなく、自分の心の中に生じるものである。

したがって、恐れや不安がある時、その感情に身をまかせないで、その感情がどこから出てくるのかみること。自分をどこに導こうとしているかをみることによって、その感情を識別して、その感情に従うか、それとも、さからうかを決めていくこと。これが、聖イグナチオの勧める第三の道である。

(2) 弱点、欠点につけこまれるな!

悪霊は私たちの弱点を利用する。

戦争のことを考えてみよう。ある所を征服したい場合、指揮官は最強の地点、守りの固い所から攻撃せよとはけっして命令しない。かえって思いがけない地点から、思いがけない時に、思いがけない方法を使って攻撃する。そうすれば作戦はあたり、とうぜん勝利を得るだろう。悪霊もたびたびこのような思いがけない方法を使う。時には、真正面から攻撃、誘惑してくることもある。人のもちものを欲しいと望ませるとか、異性からの誘惑とか……。しかし多くの場合、その人がいろいろな面で強くなるにつれて、明らかに真正面から誘惑するのではなく、思いがけない時に、思いがけない所から、思いがけない方法で誘惑してくる。それは人の弱点、欠点につけこんで攻めてくるのである。たとえば、少し気の小さい人にはちょっとしたことでも心配させ、もっと気を小さくさせ、内向的傾向をもっている人には、くだらないとりこし苦労をさせ、さびしがらせ、ますます内向的にするだろう。またあきらめやすい人には、一つの計画を思いつかせ、まえに立てた計画を放棄させる。（霊操327参照）

多くの人びとの霊的指導をしてきた経験からつぎのことを書き加えておきたい。

私たち一人一人には、子どもの時からの無意識の傾向、価値観、感受性がある。ふつう悪霊はこのような私たちの無意識の領域をうまく利用する。そのためわたしたちは頭で理解できたと思っていても、二、三日あるいは一週間もたつと、もう一度同じまちがいのパターン、同じ誘惑のパターンに引き込まれてしまったことに気づく。また霊操の時のノートを読みかえしてみると、何度も同じ決心を立てている。それなのに、いつのまにか無意識に同じことをくりかえして、あともどりの状態になっていることを発見する。だからこそ、まちがいをかさねるたびによく調べ、少しずつ自分の陥る失敗、誘惑のパターンを意識することはたいせつである。

人にその人特有の誘惑に陥るパターンがあるのと同様、国民的にも固有な誘惑のパターンがあるように思われる。たとえば、スペイン人、イタリア人には怒りっぽいとか短気の傾向があるともいわれているが、日本人の場合にもそのようなパターンがあるような気がする。悪霊は指導者よりも、日本人についての経験が長く豊富であろうから、どのように日本人を誘惑し、どのようなとりこし苦労をさせ、またどのような自己嫌悪に陥らせたらその人がだめになってしまうかわかっている。社会からくる一つの圧迫、たとえば、女性はこうすべきである、親孝行とはこのようなものであるというようなパターンをもちこみ、そのような見方や考え方しかできないようにしむけ、人をますます弱い者にしてしまうこともある。したがって、このような国民的パターンをみつけることも、ひじょうに大きな助けとなる。

(3) 悪霊は秘密主義を勧める!

悪霊のもう一つの働きは、秘密主義を勧めることである。

「そのようなことを打ちあけても、しようがないじゃないか」「神父さまに話しても、どうせ返事は決まっている」とか「それは誤解を招くからそこまで話す必要はないと思う」というような内心の声によって、話すべきことを秘密にしておくように勧めるのである。とくに、自分の弱さを話すのは恥ずかしいという気持ちから秘密にしてしまうようだ。だが恥ずかしいという気持ちをいだくことは当然なことであり、だれにでもあることである。それに客観的に考えるなら、自分の弱さを打ちあけることは、そんなに恥ずかしいことではない。弱さは、だれにでもあることである。その弱さを打ちあける恥ずかしさを乗り越えることがたいせつなのである。傲慢《ごうまん》であるとか、他人の成功をねたむとか、性の失敗とかこのような弱さを話すことは、ひじょうに恥ずかしいと思うだろう。しかし、恥ずかしいと感じるその心の動きの中に、悪霊からの誘惑が隠されている。必要以上に自分を観察し、自分だけがこのような弱さをもっていると考えすぎるからである。

私がここでいっていることは、だから自分のすべてのことを、いつもすべての人にいわなければならないということではない。話してもしょうがない、話さないほうがいいのではないかと感じる時には、悪霊の影響のもとにいるのではないかと警戒するようにということである。(霊操326参照)

VI 霊動識別における指導者

霊動識別は、一人一人が霊の動きをみきわめるのであるから、他人が介入する問題ではなく、本人にかかっていることである。しかし霊的指導者の存在はたいせつであり、霊的指導者との交流は必要である。それればかりか霊的指導者の助けはどうしても必要であるといわれている。なぜなら、自分の心の動きを霊的指導者に話すことによって、一人では十分にみきわめることのできなかった点に気づかせてもらえるからである。人は、自分の枠の中に安定してしまう傾向があるので、パターン化された傾きをみてもらったり、視野が狭くなったりしている時に、ちがった側面もあることに気づかせてもらえる。とくに、自然的な傾きからくるよろこびやさびしさと、聖霊からくるなぐさめやすさみを、たびたび混同してしまうという誤りをしないために助けは必要である。

けれど霊的指導者は、聖霊の役割をするのではないから、リードするのでなく、あくまでも手助けをするのである。だから指導される者は、自分の責任から逃れて決断を指導者に譲ってはいけない。自分と歩みをともにしてくれる指導者に、自分の識別を確認してもらい、あやまりを指摘してもらうことはたいせつだが、私たちを導いてくださるのは聖霊である。このことをしっかり自覚し、バランスのとれた態度で識別していくなら、私たちの成熟もしだいに完成へと向かっていくだろう。

また私たちを導いてくださる聖霊は、同時に教会をも導いてくださる。そして、私たち一人一人を教会というコミュニティ（共同体）を通して導いてくださるのだから、私たち一人一人の霊動識別は教会からも確認されなければならないと思う。この場合の教会というのは一人一人のおかれている場によってちがう。ある人にとっては自分の属する教会の司祭であったり、また他の人にとっては、いつも指導をうけている霊的指導者だったり、教会活動のグループのリーダーだったりする。

三日間、八日間などの黙想会において霊動識別をする時は、黙想指導者に助けてもらえるだろう。ふだんの生活においても、自分が識別したことを時々みてもらい、確認してもらえるいわゆる指導者がいることは望ましい。

心の動きに気づくために

日ごろ私たちは一日のあいだ忙しくいろいろなことをやっている。心の中によい考えが浮かんだり、何かをすばらしく感じたり、反対に、よくない考えが浮かんできたり、ひどくがっかりした感じになったりする。これらの心の動きに意識的に気づいていくためにつぎのようなことを考え、一日のおわりに、日記をつけるように具体的に書いてみるとよい。

まず第一に、きょう一日のあいだ、神は私の生活の中で、どのようにかかわってくださっただろうか。神は私に何をなさろうとしただろうか。

第二に、きょう一日の私の心の中をふりかえってながめ、どんな感じだったか思い出してみる。幸福だった。うれしかった。さびしかった。だいたい落ち着いていた。平安だった。不安だった。あせっていたなど。

私たちの心の動き・感情には二つの種類がある。一つは、静けさ、安らぎ、よろこび、静かな希望、シーンとする、ほっとするような、静かな喜び、あたたかさ、静かに何かがひろがっていくような感じなど。もう一つは、不安、落ちこみ、さびしさ、落ち着かなさ、心騒ぎ、あわただしさ、あせり、イライラ、くやしさ、恐れなど。相反するこれらの心の動きが自分のうちでは、どのようであったか、一日のうちでおもに占めていた感情、または強く感じた感情は何だったかを調べる。さらに、もう少し深くみて、各動作をする時どんな感じだったかを調べる。会社に出勤した時、人と話していた時、または学校で講義を聴いていた時、友人と遊びにいった時など、その時その時にどんな心の動きがあったか、どんな感じだったか。それをすることによって、いくつかの感情が出てきたと思う。つぎにだいじなのは、この心の動き・感情は神からくるのか、悪霊からくるのか、霊の自分からくるのか、肉の自分から出てくるのかをみることである。

これを整理しないで、寝てしまうのは、よいものも悪いものも全部のみこむことであり、それは不潔な食べ物をそのまま食べてしまうようなものである。だから自分の中にどんなものが入ったのかをよくみて、何を捨て、何を自分のものにするかを考える必要がある。

このように一日の自分の心の動き・感情を調べ、平安、なぐさめをもたらしたものに従っていったらいいのである。明日もまたこれをつづけていけばよいわけである。

逆に、自分にすさみをもたらしたものがあったと気づいたら、これらを捨てていく。

毎日日記をつけながら、五分間、十分間でもくりかえしてやってみると、数日から数週間たつと、一つのパターンがみえてくる。私がこうすると、なにかいつも不安になる。こう考えるとさびしくなる。このようにみていくと、どのような考えが私を悲しくし、不安にさせるか、何に迷わされているかが少しずつわかってくる。

また、逆にあするといつもあと味がいい。では、あと味をよくするものは何か。これもしだいに明らかになってくる。これが基本的な識別である。回想のポイントに従って、毎日自分の心の動き・感情をふりかえり（意識の糾明）、自分の状態をつかんだうえで、識別し、どちらかを選び、どちらかを捨てていく。これをくりかえしつづけていくうちに、霊に生かされている自分にも気づくだろう。

回想のポイント

三十分、一時間の祈りのあいだにおこったことを省みることもよい。そのときの回想のポイントを記しておくので、参考にしていただきたい。

a――神は何をなさったか

1祈りのあいだに神は、私の中で何をなさっただろうか（私が何をしたかではなく）。たとえば、どのような光、力、恵みを与えてくださったか。

2ご自分をあらわされるために、神はどんなきっかけをお使いになったか。どのようにご自分の現存を感じさせてくださったか。たとえば、ことば、場面、イメージ、シンボルなど。

b――私の心の動き

1神の働きに対して、私の心の動きはどうだったか。何の動きもなかったか、具体的に書く。たとえば、安らぎ、不安、よろこび、悲しみ、苦痛、落ち着き、重い気持ち、軽やかな気持ち、驚きなど。

2この心の動きについて

①それはどのように始まったか。

②どのようにつづいたか。

③その向きはどうだったか（もし、その動きに自分をゆだねてしまったら、どこに導かれたか）。
④とくに味わうことのできたものは何か。
⑤とくに印象に残っていることは何か。
3おもな心の動きについて
①その動きはなぐさめの状態から出たのか（聖霊からくるものか）、すさみの状態から出たのか（悪い霊からくるものか）。
②その動きに対して、自分はどんな態度をとったか。

c――私のしたことについて
1黙想の準備をしたか。
2神の現存を意識し、けんそんに、そして熱心に恵みを求めたか。
3祈りのあいだの私の心がまえ、からだの姿勢、真剣さはどうだったか

（神に真剣に耳を傾けたか。本気で応答したか）。

4雑念が多かったか。どのようなものがおもだったか。恵みを熱心に求めたか。

5今の祈りをどのように評価するか。それはなぜそう思うか。

意識の糾明のやり方

1照らしを求めて祈る。

聖霊の導きによって、悟り（insight）が私の生活のうちにあるように。心に感じられる神の招きに鋭敏に、勇気をもってこたえられるように（それはおん父の恵みなしではできないから）。

聖霊の光によって、聖霊が感じられるように。私自身をもう少しはっきりとながめられるように。

2内省からの感謝

私の立場は貧しい者、自分でもっているものは何もない。この私でさえ自分のものではないが、毎瞬、すべてのことを通して恵みを与えられている（真実は自分が貧しいと思う人だけが、わずかな恵みも感じることができ、純粋な感謝の気持ちを味わうことができる）。

具体的なことがらをとりあげ、この私に個人的に、特別に神から与えられたものは何だったか？　それが、重大なことだったか、些細《ささい》なことだったか、すべては神からの賜物であるという深い認識のうちに。

3　実際の自分の生活を吟味する（どんな感じや心の動きがあったか）。

その動きがあるあいだ、

私のうちにどんなことがおきているか？

主はどのような働きをしておられるか？

主は私に何を語ろうとして、また教えようとしておられるのか（内的ムード、フィーリング、心を駆りたてているものや、ざわめいているものをより分け識別し、私の心の奥底で主の招きを悟ることができるように、私の生活のうちで、まず聴くことにより、そのこたえとして行動するということを前提として)。

4 痛悔

この悲しみは、神の招きに対して勇気と誠実をもってこたえなかったことからくる。自分の弱さに失望したり、恥じたりすることからではない。それは、おん父が私に、愛してほしいと望んでおられる、と感じた時の信仰体験である。

失望、落胆、恐れの気持ちがあったら、どうしてそう感じるのか調べる。その気持ちが自然に消えていくだろうなどと抑えてしまわないように。

5 将来に望みをもって神の助けを願う。

現実のうちに神の招き、みことばを聴き、もっとけんそんに、より強い信仰と勇気をもってこたえていけるように。大きな望み(明日に対する）、希望が私の心を満たしていくはずである。それは私の力に頼るのではなく、私の心の中の聖霊のいのちに信頼して、聖霊の導きに私をまかせることができるように。

意識の糾明は

—霊動の識別と関連してみなければならない。

—毎日、常におこなわれている私の生活での識別、神の霊に対してもっと敏感になり、神が私を招かれる方法を悟る信仰の体験である。

—私の黙想が、おん父がご自分のペース（タイミング）でキリストにおける現実の神秘を示されることと関連している。

—私の生活を主のためにととのえることを深め、導いていく内的な招きに敏感になる。

—私が常に識別する心をもつことができる助けとなる（糾明の時だけで

なく)。

いちばん肝心なことは、よいおこないとか悪いおこないではなく、どのように主が私を変えていかれるのかを心の奥底で意識することである。

「私を招いておられるおん父」をどのように体験しているか?

弱い私の悪へ向いた傾きが、どんなふうに私を誘惑し、試みているか?

「すべてにおいて神を見いだす」——聖イグナチオにとって、生きるということはこのことであった。意識の糾明は、これを日々体験するために中心となるものである。

霊動識別の規則（聖イグナチオの『霊操』より）

313　心の中におこる種々の動きをいくらかでも自覚し、それをわきまえるための規則。その目的は、よい霊動を受けいれ、悪い霊動を追いはらうことである。

314　第一則

大罪に大罪をかさねる人には、さらにその悪徳と罪をつづけさせ、その中にますます深くひきいれようとして、敵である悪霊が快楽の絵を目の前におき、感覚的楽しみと快楽を想像させるのがふつうである。同じ人に対して善霊は、正反対にふるまい彼らを反省させることによって良心を責め、とがめを感じさせるのである。

315　第二則

熱心に自分を清め、神に向かって一歩一歩成長しようとする人に対して、悪い霊もよい霊も第一則とは正反対のやり方をする。つまり、悪霊の特徴は、人を恐れさせたり、悲しませたり、妨げをおこしたりして、根拠のない理屈で心を乱し不安にさせることである。これは行く手をはばみ、人を善において進歩させないためである。

善霊の特徴は人を励まし、力づけ、なぐさめと涙、光と安らぎを与え、何でも容易にし、あらゆる妨げをとり除くことである。これは善の道で進歩できるためである。

316　第三則

霊的なぐさめについて。なぐさめとは、心の奥底で深い感動がおこり、創造主への愛にあふれている状態をいう。この時、地上のどんなものにも愛着を感じることなく、ただ万物のつくり主の愛の中にあってのみ、すべてのものを愛するのである。また、自分の罪を痛悔したり、主キリストのご受難を思ったり、あるいは主への奉仕と賛美に直接かかわりのあることなど、これらのことがらに感動し、主の愛に涙を流すこと。つまり、なぐさめというのは、いつも、信望愛がますことであり、創造主のうちにあって静けさと安らぎが与えられ、神の国のことと人間の救いのことに心がひきよせられる内的よろこびのことである。

317 第四則

霊的すさみについて。すさみとは第三則のなぐさめと反対の状態をいう。内心の暗闇と乱れ、むなしい現世的なものにひかれ、種々のとりこし苦労と誘惑から生じる不安で、希望もなく愛に無感動となり不信に陥る。さらに、怠惰で、なまぬるく、悲しみに沈みやすく、創造主から見離されたかのように感じることである。すさみがなぐさめとは逆の状態であるように、すさみからの思いもなぐさめから出る思いとは反対のものである。

318 第五則

すさみのうちにいる時は、絶対に決心を変更してはいけない。かえって、まえの日の決心と決定、または最後のなぐさめの時の決定を堅く、ゆるぎないものとして守らなければならない。というのは、なぐさめの時に浮かんでくる思いは聖霊からくるもので、逆に、すさみの状態の時は、悪霊からくる思いでいっぱいになるから、その思いに従うならば、正しい道はみつからないであろう。

319　第六則

すさみの時には、まえの決心を変更してはいけないだけでなく、このすさみと反対の方向に自分をふりむけるように努めることはきわめて有益である。たとえば、祈りと黙想にいっそう熱心に励み、糾明を忠実にし、苦業を適当な方法で、いつもより多くすることなどである。

320　第七則

すさみの状態にいる人は、失望しやすいので、つぎのことを考えるのがひじょうに役にたつ。すなわち、今、神からのなぐさめと熱心さを感じないのは、神の助けを頼りにしないで、自分の力で努力して、誘惑に抵抗できるように神がしてくださっているということを。またいままでの燃えるような熱心さと深い愛情はとりあげられたとしても、霊的成長のための恵みは豊かに与えられていることを考えるとよい。

321 第八則

すさみの状態にいる人は、浮かんでくる種々の考えに流されないで、やがてなぐさめを受けるだろうと考え、根気よさを保つように努めるのが役にたつ。そして第六則に書いてあるようにすさみと戦う方法を積極的に考え、実行する必要がある。

322 第九則

すさみに陥るおもな理由はつぎの三つに要約できる。

第一、霊的な務めになまぬるくなり、それを怠り、なおざりにしたからである。このような過ちの結果、霊的なぐさめが遠く離れてしまうのである。

第二、なぐさめと豊かな恵みをいままでほど感じなくとも、自分がどれくらいの者か、またどこまで神に仕え、神を賛美しつづけるかを私たちに意識させるためである。

第三、神がつぎのようなことを私たちに、身にしみて悟らせたいからである。それは、私たちが深い信仰心、熱心な愛、感動の涙、そのほかのどんななぐさめも、これをいただき守りつづけることができるのは、自分の努力によるのではなく、すべて、神の賜物と恵みであると心に深く感じるためである。また、私たちが「他人の所に自分の巣をつくらない*」ためである。つまり、神の賜物を受ける価値のある者のようにふるまい、霊的なぐさめや信仰心などを自分のものとして考え、思いあがったり虚栄心に陥ったりしないためである。

＊軒下に巣をつくるつばめのように、他人の物を自分の物としてあつかい、そこにとどまるなという意味。

323　第十則

なぐさめのうちにいる人は、あとですさみの時がきたらどうするかを考え、その時に備えて新しい力をたくわえておく必要がある。

324　第十一則

なぐさめのうちにいる人は、今のような恵みとなぐさめのないすさみの時には、いかに無力になったかを考え、できるかぎり自分をへりくだらせ、身を低くするように努めるとよい。これと逆に、すさみのうちにいる人は、あふれる恵みに支えられ、すべての敵に抵抗するための大きな力が自分にあると考え、創造主に信頼する必要がある。

325　第十二則

敵は自分の力をみせたいが、強く抵抗されると弱いものとなる。この点では女性のまねをする。ふつう女性は、男性と争う時、男性に真っ向から反対されるならば、勇気を失い逃げてしまうであろう。しかし、男性の方が勇気を失って逃げようとするならば、女性の憤りと復讐心とたけだけしさは、とどまるところを知らないであろう。同じように、霊的生活に励む人が敵の誘いに真っ向から抵抗し、決然として行動をするなら、敵も弱くなり勇気を失い、誘惑も逃げてしまうだろう。しかし、その人のほうが怖くなり誘惑を退ける勇気を失っていくなら、敵は限界を知らない悪質さをもって、自分のよこしまな計画を実行に移すのである。この敵ほど人間にとってたけだけしい野獣は、全世界のどこにもみつからないであろう。

326　第十三則

敵はまた自分の誘いが内密にされ、あばかれないように望む。この点で、悪意をもって女に近づく男のまねをする。よき父の娘やよき夫の妻に悪意をもっていいよる悪者は、自分の話と誘いが内密にされるよう望む。娘が父に、妻が夫に彼のよこしまなことばや邪心を打ちあけるとひじょうにふきげんになる。なぜならとりかかった企てがもう実行できないとわかるからである。

これと同様に、人間の敵である悪霊も、善良な心の人にごまかしと誘いをかけた時、それが内密に受けられ、秘密が守られるよう望む。しかしこの人が、経験に富んだ聴罪司祭、または悪魔のごまかしと欺瞞《ぎまん》との手段をよくわかる、霊的なことがらに通じた他の人に、その誘いを打ちあけるならば、人間の敵はひじょうにふきげんになる。なぜなら自分のごまかしがあばかれると、とりかかったはかりごとが実行できないとわかるからである。

327　第十四則

悪霊は、勝利を収め自分の欲しいものを略奪するため策略をめぐらす指揮官のやり方をまねする。野営軍の指揮官や隊長が陣を張り、相手の城の兵力と配置をみて、いちばん弱い所から思いがけず攻撃するように、人間の敵である悪霊も、私たちのまわりをぐるぐる回り、霊的、精神的、また心理的な強さと弱さを一つ一つ調べ、永遠の救いのためにもっとも弱い所、無防備、無意識になっている所から攻撃し、征服しようとするのである。

おわりに

以上、霊動識別の基本的な法則と具体的なことについて記したが、これはまったく初歩的なもので、霊動識別のすべてがこれでわかるわけではない。霊動識別は理論ではなく、一つの体験である。識別力は聖霊からの一つのカリスマである。この賜物を受けている私たちは、一つ一つのできごとを通して識別することを体験していくのである。この体験がもっともよくできるのは、八日間、一か月の黙想会で指導を受けながら霊操をする時であろう。私が今まで述べてきたことが、霊操においてキリストとの深い出会いへの招きになるなら、ひじょうに幸いである。しかし、私たちの毎日の生活において識別の深い体験ができないわけではない。そのためには偏らない心をもっていることがたいへんたいせつである。そして、みなさんが、少なくともすさみの時となぐさめの時を、毎日の意識の糾明の時に区別することができればうれしく思う。とくに、すさみの状態がくることは当然なことであるから、それがきたときには、原因をみつけるようにし、すさみの状態に押し流されたままにならないように。またこの状態の中ではけっして何も決定しないということをしっかり覚えていただけるなら、いちだんと飛躍されることと思う。

またこの本で述べたことは個人の霊動識別についてであるが、一つのグループ（共同体）についての霊動識別も必要である。あるグループの状態をみるなら、グループなりになぐさめの状態にあったり、すさみの状態に陥ったりすることがある。グループとして聖霊の導きがあるし、悪霊のわながある。メンバーが、いきいきとして互いに生かしあっている時もあり、メンバーがわがまま、不安、無気力となっている時もある。キリストの望まれるグループになるためには、グループにおける霊の動きをみきわめることが必要である。

　最後に、霊動識別はけっして、単に自分がなぐさめの状態にいることや、自分の内面の生活のみを求めてするものではないことを述べたいと思う。自分の内面の世界、感情の世界に入って、そこからさらにすばらしい世界へと進んでいくのである。それは、昔からの東洋の賢者の悟りや、十字架の聖ヨハネの神との一致（観想生活）と同じような道を歩むことであり、内心への旅（inner journey）に出ることである。しかし単に自分の中に入るだけでなく、内心への旅をすることによって、結局自分を超えてゆくようになるのである。それをすばらしい世界、神にふれ神のいのちに生きる世界に進んでいくのだといってよいだろう。

　霊動識別は活動へ向かわせるものであり、自信と勇気をもって外へ出ていくためのものである。いいかえれば、肉的、自己中心的な自分をかなぐりすて、他人への奉仕を自分の生活の中心とし霊的に生きるよう、私たちを動かしてくれるのである。キリストに従う者としていつ、どこで、どのように奉仕したらよいかを教え、また、それに生きる力を与えてくれるのである。
この本の出版にあたって、寛大に手伝ってくださった福島健一さまと丸森秀子さまに心より感謝をしたいと思う。

本文中の聖書の引用は著者の意訳によります。

二人の自分 —心の動きをみつめて—

著　者／イシドロ・リバス

発行所／女子パウロ会

代表者／松岡陽子

〒107-0052 東京都港区赤坂8-12-42
Tel.03-3479-3943　Fax.03-3479-3944
Webサイトhttp://www.pauline.or.jp/

印刷所／株式会社工友会印刷所

初版発行／1983年4月29日

18刷発行（改訂初版）／2019年4月30日

ISBN978-4-7896-0802-2 C0116 NDC194